AF138796

Herstellung und Verlag:
BoD-Books on Demand, Norderstedt
ISBN: 978-3-7357-9382-9

Alles wollte ich dir geben:
Meinen herbstlichen Körper,
mein aufgewühltes Hirn,
mein verletztes Herz,
und weiter unten,
das Ding,
das stillgelegte.
Sicher:
Keine sehr edlen Geschenke,
aber aufrichtig und ganz von mir!

Hannes Wendtlandt

Geboren in Wels/Oberösterreich, aufgewachsen in Klosterneuburg/Niederösterreich und Wien. Lebt mit Unterbrechungen seit 1978 in Klagenfurt/Kärnten.

Freier Journalist, Autor, Übersetzer, Werbetexter, Songwriter.

Sehr geehrte Damen und Herren!

Betr.: Urteil vom 19. 10. 1963

Auf Grund des erwiesenen – und von mir auch nie
bestrittenen – Tatbestandes der einmaligen, aber nicht
reversiblen Geburt, wurde ich am 19. 10. 1963 zu einem
Leben mit mir verurteilt.

Die von mir umgehend eingelegte Berufung wurde
wegen eines Formalfehlers zurückgewiesen.
Gleichzeitig wurde das Urteil bestätigt.

Deshalb erbitte ich hiermit lebenslängliche Bedenkzeit.

Hochachtungsvoll

Hannes Wendtlandt

Dem Antrag konnte stattgegeben werden.

Jugend

Vage Vorstellungen
und unklare Gedanken
wo auch immer.
Dieses „rock 'n' roll feeling",
was auch immer das ist,
im Bauch.
Wo auch die Wut kocht
über das Wissen,
dass wir es
wie auch immer
nie schaffen werden

Anfälle

Aggressionen
mit der Faust
in die Wand gedroschen.
Aus Zorn
über die Ohnmacht
die einen
gegen die Brandung
des Zynismus
nicht ankommen lässt.

Aggressionen
mit dem Kopf
in die Wand gerannt.
Früher nur
die Angst
in den Kopfpolster
gedrückt
oft auch geweint.

Aggressionen
gegen mich selbst
aufgestaut.
Zusammengesunken
in der Ecke
kraftlos
auch immer noch
ängstlich
gewartet
ob der eigene Hass
mich
zerquetschen wird.

Spießbürgers Kinderlied

Punkti-Punkti, Strichi-Strichi,
08/15-Watscheng'sichti

Strichi-Strichi, Punkti-Punkti,
schräges Strizzi-Zwielicht-Lumpi.

Punkti-Strichi, Punkti-Strichi,
asoziales Hippiewichti.

Strichi-Punkti, Strichi-Punkt,
Horch! Der Herr Inspektor funkt:

„Strich-Punkt. Punkt. Strich-
Punkt, Strich-Strich,
den Gummiknüppel liebe ich."

Punk-ti, Punk-ti, Punk-ti, Punk,
Bürgerschreck-Lass-Nach-Gestank.

Strichi, Strichi, Strichi, Strich
Hurerei ist nix für dich.

Punkti-Strichi, Strichi-Punkt,
vorwärts kommt, wer andre tunkt.

Strichi-Punkti, Punkti-Strich,
traue keinem Dichter nicht!

Schneewittchen

Spieglein, Spieglein an der Wand
mit falschem Blond und viel Chemie
bist die Schönste du im Land
dank der Kosmetikindustrie

Hinter Berge, ich denk sieben
führtest du mich in der Nacht
ich begann dich sehr zu lieben
und dann hast du Schluss gemacht

Einen Prinzen willst du finden
von dem du sieben Zwerge kriegst
und ich kann es nicht verwinden
dass du mir im Magen liegst

Rapunzel

Deine Haare ließt du nie
zu mir herab, mein schönes Kind
weil von all dem vielen Spray sie
steif und ziemlich klebrig sind

Der Froschkönig

Du hattest eine Laune
und ich war gerade da
mein Springen war zu Ende
wir kamen uns sehr nah

Du gabst mir viele Küsse
dann ward es dir zu dumm
bin nicht dein Märchenprinz geworden
und du hüpfst jetzt herum

Dornröschen

Du, du hast sehr viel geschlafen
manchesmal sogar mit mir
Und wann immer wir uns trafen
warst du ganz verrückt nach mir

Doch soviel ich dich auch küsste
ich bekam dich niemals wach
und es wuchsen meine Lüste
doch du wurdest niemals schwach

Etwas was ich nicht verstehe
jetzt wo es zu Ende ist
Dass, immer wenn ich dich nun sehe
du so frisch und munter bist

Liebe

Wir werfen einander täglich vor.
Wann zerbricht ein Mensch?

Kleinigkeiten. Da. Plötzlich.
Um uns herum.
Auch wir einander
Zu viel.
Was wir voneinander
Kennen wollten
Jedoch
Immer weniger.
Zuwenig
Wir selbst.

Ich fühle mich zum Kotzen übel,
wenn ich an dich denke.
Könnte es sein
Ich gehe schwanger
Mit Liebe zu dir?

Schützengraben

Ich habe mich eingegraben.
Seit langem schon.
Habe mir Löcher in mein
Gehirn geschaufelt,
mich versteckt
und wenn ihr vorübergeht,
werfe ich kleine,
schmutzige Gedanken
nach euch.

Erinnerung

Ich wollte nicht mehr brav sein.
Ich wollte schlimm sein
und spuckte euch an.
Da habt ihr
gleich zugeschlagen
anstatt
zurück zu spucken.
Seit damals bescheiße
ich euch heimlich.

Es ist doch irgendwie bezeichnend,
dass wir sogar unser Denkvermögen
in kleine „graue Zellen" sperren.

Gestrandet am Rande der Wahrheit,
Verlangt man nicht nach Wasser,
sondern nach Schnaps.

Man müsste ein Gaukler sein.
Mit Späßen und Tricks im Gepäck
Von Jahrmarkt zu Jahrmarkt,
von Stadt zu Stadt,
von Land zu Land ziehen.
So aber finden sich Abenteuer
bloß in gelegentlich mit Luft
zu füllenden Weinflaschen.

Ich nehm dich

Ich nehm dich, wie ich dich kriegen kann,
gern in meinen Arm
und weil wir uns dann näher sind,
wird unsern Füßen warm
Punkt
Ich nehm dich, wie ich dich kriegen kann,
auch gerne mit mir fort;
und fahren wir dann wieder heim,
dann warn wir einmal dort
Punkt, Absatz
Einlage:
Du sagst oft, ich sei unvernünftig,
glaub nicht, dass ich dran leide.
Wenn mir die Vernunft abhandenkommt,
reicht deine für uns beide
Rufzeichen, Absatz
Ich nehm dich, wie ich dich kriegen kann,
auch oft bei deiner Hand,
und wer nur unanständig *denkt*,
dem mangelt's an Verstand
Punkt. Jawohl.
Ich nehm dich, wie ich dich kriegen kann,
du sagst, ich lieb dich nicht.
Ja, wenn ich dich jetzt lieben soll,
dann lösch endlich das Licht
Rufzeichen, Ende.
Ich nehm dich, wie ich dich kriegen kann,
davon bleibt die Welt nicht stehen
und wenn du sagst, dass das nicht geht,
dann lass ich *mich* halt gehen
Rufzeichen. Punkt. Aus.

So wie es ist

Am späten Samstagnachmittag
Regnet es Besoffene
Und hast du das Talent
Zum Auf-die-Schnauze-Fallen
Gehörst du bald dazu

Du legst dein Denken
hin zu ihnen
damit es sich vom Schmerz befreit
beschwörst gemeinschaftlich die bessren Tage
die jeder irgendwann durchlebt

Die Zeit vergeht dir etwas leichter
Im Qualm denkst du, du atmest frei
und eigentlich ist nichts mehr wichtig
Besteh' nur jetzt!
Der nächste Tag holt dich ganz sicher ein.

Und nach Stunden merkst du plötzlich
Dass die Welt sich wieder dreht
Du setzt dich hin
Und forscht bedächtig
Ob diese Drehung nicht nur deinen Kopf bewegt.

Dann findet sie dich auch schon wieder
Die Traurigkeit, vor der du fliehst
So wie es ist
Gerätst du nun ins Wanken
Und schließlich bist du doch allein.

Italien

In den Winkelgassen
Zu Mittag
Steht die Hitze senkrecht
Unerträglich
Zwischen den Häusern
Mit den gesenkten Lidern
Einzige Stunde zwischen der Unruhe des Tages
Und der belebten Nacht
Die still sein darf

Io
Che forse nessuno sa amare
Sono un viaggiatore
Fra i cuori vuoti
Ma ciononostante so
Che il mondo è sferico
Così io stesso mi prendo in giro
E neanche tu puoi dire
Quando ritornerò

Le tue lettere erano
Fogli di follia
Ed io ero il tuo
Buffone di corte
Adesso invece
Siamo stranieri
Che non trovano
Le parole
Quando si incontrano
Nel manicomio quotidiano

Heimatlos

Mein Elternhaus glich einem Schloss,
es war aus Luft gemauert.
Auf seinem Lügenfundament
Hat es nicht lange überdauert.

Meine Wiege hatte Räder,
das machte das Verrücken leicht.
Man band mich an die kurze Leine,
die war auf Armlänge geeicht.

Ich wurde ständig umgetopft
Und durfte niemals Wurzeln schlagen.
Kaum hatte ich mich umgesehen,
hat man mich wieder fort getragen.

Heimatlos – ein Blatt im Wind.
Ziellos, planlos, ohne Sinn.
Heimatlos – kein Schollenkind.
Weiß nicht, wo ich morgen bin.

Zu Hause war nie ein Begriff,
der jemals etwas länger galt.
Viele Stationen auf der Reise,
in jeder Zwischenaufenthalt.

Ein Leben fast wie auf der Flucht.
Ich war immer zerrissen.
Durfte nie dazu gehören,
Habe ständig weiter müssen.

Man kann sich noch so heimisch fühlen,
ein Fremder wird stets Fremder sein.
Die Spießer hausen hinter Zäunen,
da lässt man keine Streuner rein.

Heimatlos – ein Blatt im Wind.
Ziellos, planlos, ohne Sinn.
Heimatlos – kein Schollenkind.
Weiß nie, wo ich morgen bin.

Daheim war ich nur an den Theken,
im Bierdunst und im dichten Rauch.
Oft fand ich gute Zechkumpanen
Und manchmal etwas Liebe auch.

Ich habe nie die Flut gescheut,
bin gegen Ströme angeschwommen.
Und öfter auch vom Sturm getrieben,
in fremden Häfen angekommen.

Als sich unsere Wege kreuzten,
gelang es mir nicht recht zu landen.
Dass du auch vagabundierst,
hab' ich erst hinterher verstanden.

Heimatlos – ein Blatt im Wind.
Ziellos, planlos, ohne Sinn.
Heimatlos – kein Schollenkind.
Weiß wieder einmal nicht wohin.

Abgesang

Und eigentlich
ist alles schon geschrieben,
alles gesagt
und nichts geblieben.

Der starke Mann
ist in die Knie gesunken,
ist wieder mal
im eignen Saft ertrunken.
Der Vorhang fällt,
der Held verlässt die Bühne,
fühlt sich als Zwerg
und war doch eben noch ein Hüne.
Jetzt heißt's
den Kopf bloß nicht verlieren.
Man sucht Gesellschaft,
bei allein getrunk'nen Bieren,
reimt ein paar Worte,
kriecht dann heim auf allen Vieren.
Was fehlt,
man kann es nicht erfassen.
Wozu noch weiter?
Man sollt' es besser lassen.

Und eigentlich
ist alles schon geschrieben,
alles gesagt
und nichts geblieben.

Ganz quer Lieger

Drübersteher, Unterlieger
Untersteher, Drüberflieger
hochgejubelt, totgeschwiegen
reich berubelt, arm geblieben

leichtfüßig und trotzdem schwierig
manchmal pathetisch, ziemlich schmierig
Flaschenzug und Flaschenwesen
funktioniert – kaputt gewesen

durch den Wind, untergetaucht
fast alle Kraft am Start verbraucht
kaum auf der Welt, beinah gestorben
auch später noch vom Tod umworben

und trotzdem voller Lebenslust
manchmal sogar recht selbstbewusst
ein Widerspruch aus Fleisch und Blut
Besonnenheit und Übermut

begnadet, doch zu kurz gekommen
das Klare stets viel zu verschwommen
Übersteher, Unterflieger
Übergeher, ganz quer Lieger

Paint it black

I see a red door
And I want it painted black
No colors' anymore
I want them to turn black
Jetzt etwas anderes machen
Energie bündeln,
die Unrast in den
Griff bekommen.
I see the girls walk by
dressed in their summer clothes
Man sieht kurz hin,
beiläufig.
I have to turn my head
 until my darkness goes
Bloß nicht auch
noch schwarzmalen.
Mit Leuten reden.
Nicht wirklich zuhören.
Aus einer Ritze im Gehirn
schleicht sich Leere ein.
Und selbst die Sonne
macht nicht wirklich heiter.
Nur deine Stimme wärmt mich.
Flucht in Bücher.
Oberflächlich.
Schnell verschlungen.
Damit der Kopf rasch wieder
frei ist fürs Denken an dich.
Und selbst im Schlaf noch
manchmal aufschrecken,
weil da etwas fehlt.
If I look hard enough
 into the settin' sun
My love will laugh with me
before the mornin' comes
Ich hab dich lieb!

Don Quichotte

Ich bin ein Ritter.
Von ziemlich trauriger Gestalt,
doch hehren Idealen folgend.
Ich reite keine Rosinante,
mit einem Drahtesel
ziehe ich in die Schlacht.
Mir steht kein Sancho Pansa bei,
um Abenteuer zu durchwandern.
Auch sind die Windmühlen meine Sache nicht.
Vielmehr erregen jene meinen Zorn,
die niedre Minne im Visier,
sich Dulcinea nähern,
Sie soll'n das Fürchten lernen.
Und fehlt die Unfehlbare,
so gebe ich ihr keine Schuld.
Die Maske der Begierde
– geheuchelte Verehrung –
macht alle Frauen schwach.
Die Schönheit Dulcineas Züge
zieht magisch mich in Bann.
Ach, soll man meinethalben lachen.
Mich kümmert weder Spott noch Hohn.
Ich liebe wahrhaft
Und das bleibt mir unbenommen.

Ich will dich sprachlos lieben

Dein Lachen ist Musik im Wind
Du funkelst diamanten
Ja, ich will dich sprachlos lieben
Bis Worte nur noch Fassung sind

Groß macht uns die Leidenschaft
Wir wachsen ineinander
Berechnen neu die Lebenszeit
Und ganz neu formt sich, was erschlafft

Ich will dich lesen wie ein Buch
Und doch nicht alles wissen
Du sollst nie entzaubert werden
Sei lieber Ganzes und auch Bruch

Du bist ein Lied aus alter Zeit
Das bis ins Morgen klingt
Du gehst mir tief unter die Haut
Ich mach mich langsam in dir breit

Dein Lachen ist Musik im Wind
Du funkelst diamanten
Ja, ich will dich sprachlos lieben
Bis Worte nur noch Fassung sind

Nacht über der Stadt

Nacht über der Stadt,
Nacht wohl auch über dir.
Ich liege noch wach.
Bin ziemlich bei mir.

Nacht über der Stadt.
Ich hoffe, sie deckt dich schön zu.
Kannst tief und gut schlafen,
bist morgen ganz du.

Nacht über der Stadt.
Man hört kaum einen Ton.
Nur deine Stimme,
die höre ich schon.

Nacht über der Stadt,
sie flüstert zu mir.
Erzählt mir von gestern,
summt mir von dir.

Nacht über der Stadt,
der Tag war recht gut.
Freu mich auf morgen
mit neuem Mut.

Nacht über der Stadt,
Kommt nun auch über mich.
Hüllt mich in Träume,
dort sehe ich dich.

Das will ich

Deine Sorgen möchte ich wegküssen
Und deinen Mund will ich
Deine Ängste möchte ich wegküssen
Und deinen Hals will ich
Deine Zweifel möchte ich wegküssen
Und deine Brüste will ich
Deinen Zorn möchte ich wegküssen
Und deinen Nabel will ich
Deine Vergangenheit will ich dir weglieben
In deinem Allerheiligsten
Das will ich

Du

Du, ich mag nie mehr duschen,
riech' dich so gern an mir.
Bin kaum von dir gegangen
und sehn' mich schon nach dir.

Hab' Sonnenschein im Herzen,
obwohl es draußen schneit.
In mir ist plötzlich Morgen,
die Straßen sind so breit.

Ich fühle mich geschmeidig,
ich lächle Fremde an.
Mein Leben spürt sich neu an
und ich hab' Spaß daran!

Unter der alten Asche,
da lodert wieder Glut.
Und ich bin nicht mehr wissend,
ich weiß nur: du tust gut!

Hab' mich in dir verloren
und suchte ich mich nun:
Ich würde mich nicht finden,
das müsstest du dann tun!

Es ist heiß

Es ist heiß
Es ist heiß im Zimmer
Es ist heiß im Zimmer, ich schwitze
Es ist heiß im Zimmer, ich schwitze,
Es wird Nacht, aber nicht kühler
Es wird Nacht, aber nicht kühler und die Hitze steigt mir zu
Kopf
Es ist Nacht, sie wird kühler und das Herz fällt mir in die
Hose
Es ist Nacht, sie wird kühler
Ich bin heiß im Zimmer, es schwitzt, es ist Nacht
Ich bin heiß im Zimmer, es schwitzt
Ich bin heiß im Zimmer
Ich bin heiß

Mach mich neu geboren

Von Sonnenstrahlen kurz behaucht
Zum Höhenflug verstiegen
Wie Ikarus in Glut verraucht
Der Erde treu geblieben

Dem Lehm, aus dem man mich gestampft
Zu dem ich heimgehen werde
Wenn meine Liebe restlos verdampft
Und ich ganz und gar Erde

Dem Lehm will ich die Treue halten
Er gab mir manchen Krug
Aus Lehm und Glut ihn zu gestalten
Und ihn zu füllen war genug

Und brennt die Sonne Wasser raus,
aus diesen irdnen Poren
Dann gib mir Wonne, gib mir Lust,
und mach mich neu geboren

Mir ist nach dir

Mir ist nach dir
Du Hübsche
Wie nur was
Sitze da und mache nichts
Alles will hin zu dir
Und mein Verstand gibt nach
Vielleicht ganz gut
Du Hübsche

Mir ist nach dir
Neben dir/vor dir/hinter dir
Auf dir/unter dir
Du Hübsche
Wie nur was

Mir ist
Ohne dich
Gar nicht gut
Du Hübsche
Unter all den fremden Menschen
Die einander
Zu nahe kommen
Wie nur was
Und nicht zu lieben wissen
Gar nicht gut
Auch dich nicht
Du Hübsche!

Mir ist nach dir
Will nicht mehr hasten
Gar nicht gut

Mag meine Zeit mit dir
Du Hübsche
Trotzdem
Will ich alles
Wie nur was

Und dich
Du Hübsche
Ganz, ganz langsam
Vielleicht ganz gut

Mir ist nach dir
Manchmal fällt ein Lächeln ab für mich
Von deinem Mund
Deinem hübschen
Vielleicht ganz gut

Oder schon einmal ein Blick
Aus deinen Augen
Deinen hübschen
Wie nur was
Dann ist mir ganz nach dir

Der kommt dann in mein Album
Und die Idee davon
In diese
Recht große
Pulsierende Kiste
Für Andenken
Ersehnte Küsse
Und schön verschwitzte Träume
Von dir und mir

Vielleicht ganz gut
Du Hübsche
Mir ist nach dir
Wie nur was!

Nicht alles auf einen Zug!
Trinken wir einander Tropfen für Tropfen.

Den Einschlag des Kometen kannst du vielleicht abwehren;
Doch wenn er verglüht, regnet es Sternschnuppen auf Dich.

Manchmal, wenn Du Dich gehen lässt,
Dann blinzelt es mich an,
Das sonnige Wesen,
Das Du im Dunkel hältst.

Wir lesen einander.
Komm lass uns
Unsere Geschichten zusammenfügen.

Alles hat seine Zeit
Und wir nehmen uns jetzt unsere!

Als du sagtest:
„Und die lieb ich nicht",
Wusste ich,
Dass du mich doch..

Lieben heißt leider auch loslassen können.
Ich trainiere noch...

Stich mir ins Herz.
Doch nimm dir Zeit
Und ziel genau:
Sein letzter Schlag
Ist Deiner!

Ganz schwer
Macht mich das Gefühl der Leere.
Ganz voll hingegen
Dein leichter Sinn.

Alles im Fluss
Und starke Strömung!
Lass ich mich treiben,
oder schwimme ich?
Du lässt mich täglich dastehen
Wie ein kleines Kind.
Mit großen Augen,
offenem Mund,
staunend…

Müde lässt du mich zurück
Frierend und traurig
Denn immer wieder
Gibst du mir zu verstehen
Dass mein Bemühen um dich
Dir nicht genügt

Kalt wird mir
Und kraftlos mein Verstand
Der in mir weint
Denn immer wieder
Möchte ich dich lieben
Doch du willst mich nicht am Stück

Ich verstehe, du bist frustriert,
zutiefst enttäuscht
das Leben kann einem oft übel mitspielen
und wenn man ein großes Herz hat
spielt man mit – und verliert
wir alle kennen's zur Genüge

Fühlst dich verarscht
und zum Hampelmann gemacht
und hast kein Auge dafür
dass da auf der anderen Seite
sich einer recht gern ein wenig
von dir hampeln ließe

Vorhang auf und lass ihn zappeln,
tanzen und strampeln,
er macht es gern für dich
solang er weiß,
du hast ihn lieb

Die Zeit vergeht so schnell
du drehst dich einmal um
und schon haben Kinder
die du gerade noch
auf Schultern getragen hast
selbst Kinder in den Armen

Und dann sitzt du am Abend da
und fragst dich
Wohin mit meiner Liebe?
Von der ich doch immer noch
soviel mit mir durchs Leben trage
Bloß dann ist keiner mehr da
dem du sie geben könntest
Meinst du nicht, das frustriert noch mehr?

Briefe an dich

Ich war gerade dabei,
dir einen echten Brief zu schreiben.
Einen richtigen, einen aus Papier.
Dann schien dein Foto
in meinem Chatfenster auf.

Nachdem ich die ersten paar Worte,
einige Zeilen gelesen hatte,
wusste ich, dass der begonnene Brief
vielleicht fertig geschrieben,
aber nicht mehr versendet werden muss.

Du hast dich verliebt
– so erstaunlich bald nach mir.
Da kann ich nichts machen.
Außer Briefe an dich
für mich selbst zu schreiben.

Paradoxon

Ich sollte dich
aus meinem Herzen schrauben
wie eine kaputte Glühbirne.
Sonst brennt mir noch
die Sicherung durch.

Ich müsste dich
von meinem Fenster waschen.
Du trübst mir bloß die Sicht.
Und ich genieße noch den Ausblick
auf etwas, das es gar nicht gibt.

Ich sollte dich
aus meinem Grundbuch streichen.
Sollte deine Adresse
und deine Nummer
aus meinem Speicher löschen.

Aber dann müsste ich
dich aufgeben.
Anstatt des Briefes,
in dem ich dir das irgendwann
einmal schreiben wollte.

Aus dem Schatten
einer dunklen Wolke
Bin ich ins Licht getreten
Nun sehe ich
Wer du wirklich bist -
Wer ich gewesen bin.
Jetzt sind wir beide traurig
Du, weil ich verdüstert war
Und dich verfinstert habe
Ich, weil du mir
Nicht mehr strahlst

Streif' ab den Hochzeitsstaat,
Leg' an das Büßerkleid,
Bereue, dass du empfunden hast!
Töte ab das Fleisch,
das sehnende!
Lass' gefrieren das Herz,
das brennende!
Hör' auf zu spüren
und fühle nicht mehr mit!
Du sollst der Fels sein,
auf den ich bauen will!

Mein treuer Freund,
du düsterer Begleiter,
hab' noch Geduld
ich kann dir so nicht gehen.

Mag ich auch heute noch
der Freude frönen,
trunken singen, lieben, huren.
Ich kann dir so nicht gehen.

Habe meine Schulden
größtenteils beglichen.
Und ich will auch dich nicht prellen,
ich kann dir so nicht gehen.

Größtenteils mich selbst zerrissen,
sammle immer Stücke auf.
Bin nur halb und ganz aus Lumpen.
So kann ich dir nicht gehen.

Nur kleb' mir bitte nicht
so an der Schulter.
Sei du doch auch einmal diskret!
Ich kann dir nicht entgehen.

Niemand wird als Mensch geboren

Viele endlos graue Tage,
klebrig abgetropfte Stunden.
Morgenröte dämmert vage,
abgezählte, leere Runden.

Und als letzter Rest geblieben,
nur ein Name, der verklingt.
Kranke Seele will dich lieben,
doch bloß die Augen sind beringt.

Müde Finger tasten Leere,
finden keine Wärme mehr.
Höhenflug und Erdenschwere,
doch selbst das ist lange her.

Wer nicht sucht, der wird nichts finden.
Weiß nicht, was ich suchen soll.
Würd' mich so gern an dich binden…
Zu viel Hohlraum – trotzdem voll.

Viele Worte schwingen leise
Durch den Kopf und wieder fort.
Geht das Denken auch auf Reise,
bleibt es doch am selben Ort.

Kann das Ende schleichen hören.
Starre Löcher in die Wand.
Der Neubeginn und das Zerstören
Gehen notgeil Hand in Hand.

Ausgespuckte Treueschwüre
Brechen eiternd ihre Bahn,
klopfen an die Schädeltüre
und dahinter glüht der Wahn.

Hinter Flammen züngeln Schatten,
lichterloh und rußgeschwärzt.
Wollen sich noch schnell begatten,
kurz bevor sie ausgemerzt.

Sehnsucht brennt sich in die Glieder,
frisst sich tief ins Mark hinein.
Erinnerung singt alte Lieder,
verkuppelt wahllos Sein und Schein.

Niemand wird als Mensch geboren,
jeder gräbt sich selbst ein Loch.
Geht hoffnungslos darin verloren,
wo zuvor ein andrer kroch.

Alle schmieden sich ein Gitter,
pinseln sich ein Angesicht
und bestäuben sich mit Flitter,
bis endlich der Atem bricht.

Herbstlied

Schon wieder ein Sommer verflogen,
der Herbst nimmt Besitz vom Land.
Ich fühl mich wie immer betrogen,
die Zeit verrann unter der Hand.

Die Selbstgerechten rücken jetzt heimwärts,
die Plätze sind alle besetzt.
Ich denke, ihr freut euch aufs Jenseits
mich aber sehnt es nach jetzt!

Ihr wünscht euch zurück zu den Blättern,
die bunt sind und nun langsam fallen.
Ihr verhüllt euch damit und werdet fetter
und im Fasching hört man euch wieder lallen.

Verschwindet, ihr tumbes Gesindel,
das von Land und vom Volk nichts versteht.
Glaubt weiter ans arisch Christkindel,
das nur von den Juden gequält.

Wie schön ist das Land, wenn ihr weg seid,
und euer Wienerschnitzelgeruch.
Ohne euch gibt es gar kein Herbstleid,
bloß die Angst vor eurem nächsten Besuch.

Lass' ein Licht an

Wird es Winter im Oktober, friert der Boden über Nacht,
Wohnt man besser nicht alleine, dafür warm und überdacht.
Wird es täglich früher finster, macht der Nebel alles matt,
Glüht auch nur die nackte Birne, wärmt die Seele jedes Watt.
Ich weiß selten, wo ich hin geh',
Bin orientierungslos, wo ich grad steh'.
Lass' ein Licht an, hilf verstehen,
Was ich nur umschleiert seh'.
Lass' ein Licht an!

Eine Stunde jagt die nächste, ich halt' das Tempo grade noch,
Doch während andre wieder lachen, pfeif' ich aus dem letzten
Loch.
Dann befällt mich dieser Schwindel, bin benommen, neben
mir.
Die Welt scheint irgendwie verschwommen, ist nicht jetzt und
ist nicht hier.
Ich weiß selten, wo ich hin geh',
Bin orientierungslos, wo ich grad steh'.
Lass' ein Licht an, hilf verstehen,
Was ich nur umschleiert seh'.
Lass' ein Licht an!

Wird's noch mal Sommer im Oktober, blüht noch einmal
Löwenzahn,
Sammelt man gemeinsam Nüsse, fährt man sonntags auch mal
Kahn.
Und die Nächte werden länger, manche Sachen finden statt,
die man in der Sommerhitze beinah' ganz vergessen hat.
Ich weiß selten, wo ich hin geh',
Bin orientierungslos, wo ich grad steh'.
Lass' ein Licht an, hilf verstehen,
Was ich nur umschleiert seh'.
Lass' ein Licht an!

Am Popcorn mag ich das Geräusch

Kukuruz ist ein Getreide
Kühe stehen auf der Weide
Fressen Gras und machen Fladen
Wir essen gerne Rindsrouladen

Polenta ist kein Fladenbrot
Äpfel färben Wangen rot
Auch zwischen Backen gibt es Spalten
Mit Korn bekämpft man Kummerfalten

Kein Engel und kein Höllenhund
Kann mir das Fell noch gerben
Denn wer bereits als Kind zerbricht
Besteht nur noch aus Scherben
Und wenn ich morgen draufgeh'n werd'
Warum soll ich mich sorgen?
Ich sterbe schon mein Leben lang
Und kotze jeden Morgen.

Maiskörner sind keine Tiere
Kolben brauchen sehr viel Schmiere
Das Fettauge schwimmt auf der Suppe
Die Milchstraße schickt eine Schnuppe

Milch macht Cornflakes schnell zu Matsch
Die meisten Leute reden Quatsch
Das Leben schreibt geniale Lieder
Der Dichter schreibt sie höchstens nieder

Frag' nicht, wem die Stunde schlägt
Niemand ist eine Insel
Darum bin ich inkontinent
Und male ohne Pinsel
Wer mit leeren Taschen handelt
ist ein Kofferhändler
Wer an fremden Zäunen hängt
Der ist ein Lattenpendler

Am Popcorn mag ich das Geräusch
Ansonsten leb' ich ziemlich keusch

Das Fleisch ist immer noch lebendig,
allein die Hülle macht schon etwas schlapp
und faltet.
Herz und Hirn gehen eigne Wege,
als wär' das eine nicht vom anderen
gestaltet.
Ich sitze unter Pappeln und gedenk' der Liebe,
meine für dich ist heiß, deine für mich
erkaltet.
Und immer wieder nimmt's mich wunder,
wie schnell doch kaum Geschehenes
veraltet.

Ich bin noch immer so verrückt nach dir,
ich hab's der Parkbank anvertraut
und vor mich hin gelallt.
Jetzt seufz ich deinen Namen in die Nacht
und wünsch' noch immer,
dass mein Echo nicht verhallt!

Willkommen in Absurdistan!

Hast du schon mal daran gedacht,
wie das so sein wird in der Nacht,
wenn dir keiner seine Markensammlung zeigt?

Du hast dir einen Jux gemacht.
Wer hat denn nun zuletzt gelacht,
wenn sich die Zeit dem letzten Scherz entgegen neigt?

Da kommt der Sommer um die Ecke,
doch du kriechst unter die Decke,
denn es ist dir lange noch nicht warm genug.

Etwas lauert in der Hecke
Bringt man dich damit zur Strecke?
Oder ist es nur ein Schuss vor deinen Bug?

Wo kommst du her, wo gehst du hin?
Was macht denn überhaupt noch Sinn?
Frag' doch den Papst, hör' deinen Meister,
beschwöre all die kranken Geister.
Mach' dir doch selber einen Reim,
geh' deinen Ängsten auf den Leim.
Schneid' dir ins Fleisch zum Zeitvertreib,
brüll' dir die Seele aus dem Leib,
pfeif' aus dem allerletzten Loch.
Was willst du noch? Das ist es doch?

Hast du nicht tausend Mal gefragt,
was da an deiner Seele nagt,
und warum die Erde keine Scheibe ist?

Du hast den Sprung noch nicht gewagt,
hast die Entscheidung stets vertagt.
Was ist denn schon gerecht an einer Frist.

Bau' eine Sandburg, zähl' die Sterne,
wirf Schatten auf eine Laterne!
Schau', ob du schneller fliegen kannst als Licht.

Wie nahe liegt eigentlich die Ferne?
Leg' dein Wissen ab und lerne!
Verschreib' dich dem Moment auf lange Sicht.

Wo kommst du her, wo gehst du hin?
Was macht denn überhaupt noch Sinn?
Frag' doch den Papst, hör' deinen Meister,
beschwöre all die kranken Geister.
Mach' dir doch selber einen Reim,
geh' deinen Ängsten auf den Leim.
Schneid' dir ins Fleisch zum Zeitvertreib,
brüll' dir die Seele aus dem Leib,
pfeif' aus dem allerletzten Loch.
Was willst du noch? Das ist es doch?

Hast du jemals davon gehört,
dass Schweigen selbst die Leisen stört,
wenn sie in aller Ruhe diskutieren?

Hat dich die Stummheit nicht empört,
mit der das Laute dich betört,
wenn die glühend heißen Tränen frieren?

Was machst du, wenn dir niemand glaubt,
dass selbst die Zukunft schon verstaubt,
weil sparen heißt: die Gegenwart verschwenden.

Hast du dir einen Spaß erlaubt
Und einen Witz der Pointe beraubt,
um dir dann später selbst Applaus zu spenden?

Wo kommst du her, wo gehst du hin?
Was macht denn überhaupt noch Sinn?
Wo kommt das hin? Wie geht das her?
Stehst du gerade, liegst du quer?
Wo kommt das her, wo führt das hin,
ist dein Glas leer, ist noch was drin?
Wo gehst du hin, wo kommst du her
Weiß das denn überhaupt noch wer?
Schreib' eine Predigt, klage an!
Willkommen in Absurdistan!

Abends

Stell die Türe auf halb neun.
Ich trink mich in den Schlaf.
Schließ das Licht aus,
lösch den Wein
und lass den Wecker singen.

Und dennoch ist
Das Leben
In Summe schön
Benimmt sich
Recht anständig
Wenn du es
Gar nicht erwartest
Beschert kleine Freuden
Und große Wünsche
Bewahrt dich
Vor sentimentalen
Blicken ins
Fotoalbum
Und gibt dir Hoffnung
Dass es nicht allzu
Kalt werden wird

Wie gern würd' ich

Wie gern würd' ich am Morgen
In deine Augen sehen
Mit einem Blick von dir
Dann in mein Leben gehen

Wie gern würd' ich am Abend
An deinen Lippen hängen
Mir anhören, was du so erlebt hast
Dich dann zum Heimgehen drängen

Ein Umweg noch zum See
Momente mit den Sternen
Dich dabei jede Nacht
Aufs Neue kennenlernen

Wie gern würd' ich am Morgen
Wie gern die ganze Zeit
Wie gern würd' ich das ewig
Lichtjahre ungezählte weit